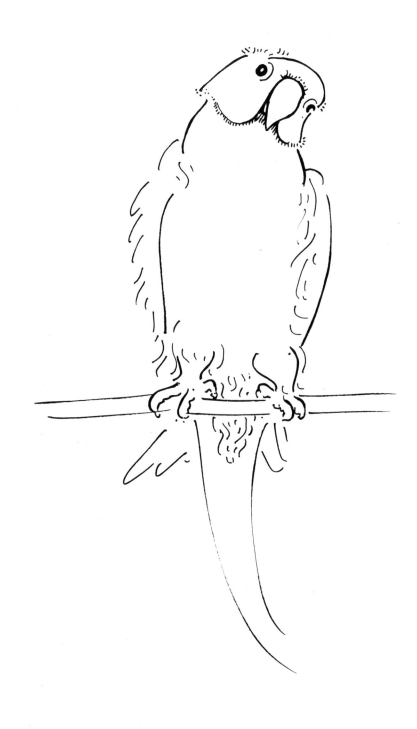

Tassi-Betu

Warum ward ich Papagei

Die Geschichte eines Papageien,
ergänzt durch Blätter
aus dem indischen Skizzenbuch
von Georgette Boner

WERNER CLASSEN VERLAG
ZÜRICH

Anmerkung der Herausgeber

Tassi-Betu, der Name des Papageien,
hat doppelte Herkunft. Tassi nannte er sich
selbst in der Kindheit.
Betu ist die Koseform für das Hindi-Wort Beta
und heisst: liebes Söhnchen.

Kaschi ist die alte Bezeichnung für Benares,
das heutige Varanasi, und wird
immer noch gebraucht, um die Heiligkeit
der Stadt zu betonen.

H. David und G. Boner

© 1978 by Werner Classen Verlag Zürich
Printed in Switzerland
by Druckerei Baumann AG Menziken
ISBN 3 7172 0266 9

ICH
ÜBER
MICH
SELBST

Ich über mich selbst

Wie ich heisse, fraget ihr,
Tassi-Betu ruft man mir.
Indien ist mein Heimatland.
Schönste Stadt am Gangesstrand:
Kaschi ist mein Heimatort.
Hindi war mein erstes Wort.
Doch zu täglichem Gebrauch
Dient das Englische mir auch.

Schon als mich die Eltern schufen
War zu Höhrem ich berufen;
Denn im Stamm vom höchsten Baum
Wohnten wir im Ätherraum.
Baumeshöhle, überdacht,
Klug und liebevoll bewacht,
Botest Schutz mir, hast befreit
Mich von Erdgebundenheit.
Stolz sah ich herab von oben
Auf die andern, die da schoben
Ihres Leibes Schwergewicht
Durch das dunkle Walddickicht,
Während meine Eltern lebten
Nah dem Himmel, selig schwebten.
Ich begriff der Fügung Sinn,
Schau herab auf andre hin:
Sie sind unten, ich bin oben,
Schicksalsgunst hat mich umwoben.
Alles, was da kreucht auf Erden,
Das soll untertan mir werden.

Ward verwöhnt mit Recht und Fug,
Bestes nur war gut genug.
Gab mich ab, das ist natürlich,
Mit dem Essen höchst ausführlich.
Was nicht schmeckte, stiess ich fort,
Naschte hier und naschte dort
Kerne, Obst und zarte Blüte,
Doch Konserven, oh behüte!
Auch die Farbe war selbstredend
Für die Esslust ausschlaggebend.
Gleicherweise akzeptabel
Wünscht ich Speis für Aug und Schnabel.

Drum wird heute noch gewendet,
Was auch immer man mir spendet.

Meine Eltern, ahnend weise
Meines Lebens steile Reise
Und von Herzen mir gewogen,
Prinzengleich mich auferzogen.
«Wer viel kann, den hat man gerne,
Darum, Tassi-Betu, lerne,
Lerne Sprachen und Manieren;
Denn das öffnet alle Türen»,
War ihr Rat. Und er war richtig.
Wär ich heut sonst so gewichtig?
Noch nicht flügge und schon rege
War mein Geist im Nestgehege.

Sonne, Sterne, Sphärenlieder
Kosten um mein jung Gefieder,
Und ozongetränkte Wellen
Liessen meinen Körper schwellen.
Tassi-Betu, hoch geboren,
Bist zum Herrscher auserkoren.
Doch der Kindheit nun genug,
Denn ich wurde reif zum Flug.

Vorerst zwar ist dieses Fliegen
Theoretisch nur geblieben.
Haargenau musst ich betrachten,
Wie es meine Eltern machten:
Flügel einziehn, Flügel spreizen,
Mit Bewegung möglichst geizen.

Glieder lösen, Schwanz schön strecken
Und den Kopf nach vorne recken.
Rhythmisch rasch koordinieren,
Schwungvoll-graziös vibrieren,
Schwimmend auf des Windes Bahnen
Widerstand der Luft erahnen.
Dann den Körper drehn und wenden,
Oh, glückseliges Vollenden.
Wie so schnell hatt ich es los,
Bin im Lernen ja famos.
Dieses himmlisch freie Schweben
Förderte mein Innenleben.
Jeder meiner vielen Flüge
Liess mich reifen zur Genüge,
So dass heute noch mich leiten
Die erworbnen Fähigkeiten.

Jetzt erst fing mein Leben an,
Denn, gar seltsam, ich begann
Immer allem nachzugrübeln,
Allen Wundern, allen Übeln:
Wann sah ich zum erstenmal
Beispielsweis den Sonnenstrahl?
Was hat mich im Ei geweckt?
War es Wärme, Lichteffekt?
Hab ich selber mich geregt?
Hat ein andres mich bewegt?
Rätsel, hundert-, tausendfach
Hielten meine Neugier wach.
Kommt das Leben aus dem Ei?
Warum ward ich Papagei?

Warum bin ich immer ich?
Lässt dies Ich mich nie im Stich,
Finde ich den Weg zum Du
Nur, wenn ich im Schlafe ruh,
Oder braucht es Traumes Schwingen,
Eigne Grenzen zu durchdringen?
Warum – dies auch möcht ich wissen –
Werde ich vom Floh gebissen,
Ich, der Spross von hohem Adel,
Ritter ohne Furcht und Tadel?
Woher dämmern mir Gedanken,
Wem hab ich sie zu verdanken?
Sind sie Zufall nur und Schein
Oder wesentlich und mein?
Oder inspiriert von ferne,
Gar von einem holden Sterne?
Wieso sieht mein Aug die Dinge?
Dass im Geist ich sie erringe?
Solcherweise such ich lang
Nach Kausal-Zusammenhang.
Ich sinniere und studiere,
Untersuche, kritisiere,
Ja, sogar noch im Genuss
Ich philosophieren muss.

Seht, die vielen schweren Fragen
Auch noch heute an mir nagen:
Scheid ich Wahrheit von Betrug?
Trenn ich immer dumm von klug?
Solche Forscher-Qualitäten
Sind bei Vögeln Raritäten.

Liessen mich drum prompt entzweien
Mit den andern Papageien.
Sie verschmähten mich als kauzig,
Eingebildet, Snob, rabauzig.
Blieb gar schmerzlich isoliert,
Unverstanden und geniert.
Fremdsein unter Seinesgleichen
Ist ein Leid zum Steinerweichen.
Nützt es, auserwählt zu sein,
Gehn die andern nicht drauf ein?
Jede Königskron muss fallen,
Wird negiert sie von Vasallen.

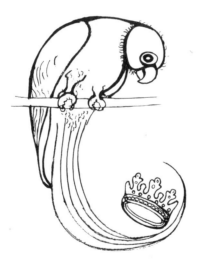

Nun hat sich das Blatt gewendet,
Nun ist alle Not beendet.
Denn der Eltern Rat stand fest:
«Du verlässt jetzt bald das Nest.
Es ist wirklich höchste Zeit,

Tassi, halte dich bereit»,
Hiess es, «Liebling, hoch geboren,
Bist zu Besserem erkoren.
Denk nicht an den Trennungsschmerz,
Neues Glück winkt anderwärts.
Putz die Federn, mach dich schön,
Folg uns über lichte Höhn
Zu des heilgen Ganges Lauf;
Dort nimmt man dich freundlich auf.
Du wirst fortan Heimat haben,
Angemessen deinen Gaben.
Siehst bei Sonnenschein und Sturm
Hoch herab von einem Turm
Des gewaltgen Stromes Wogen
Meerwärts ziehn in weitem Bogen,
Lasten schaukeln auf den Wellen,
Segel majestätisch schwellen.
Schaust die wohlgelenkten Drachen
Hochauffliegend Volten machen.
Hörst zur Andacht Glocken klingen
Und die Flöten leise singen.
Siehst die Tempel in den Himmel
Ragen über dem Gewimmel
Enger, vielverzweigter Gassen.
Siehst auf weiten Dachterrassen
Pflanzen grünen, Blumen blühen,
Ihrer Farben Glanz versprühen.
Alles dies vom Gold durchwoben
Hehrer Sonne, die hoch oben
Herrlich ihren Lauf vollendet,
Wärme, Licht und Kräfte spendet.

Sonne strahlt auf gross und klein
Ihren überirdschen Schein.
Und vom Ufer hallen wider
Reger Menschen fromme Lieder.
Kaschi, strombespülte Stadt,
Wohl dem, der hier Heimat hat!
Tassi-Betu, lockt dich nicht
Solcher Zukunft schön Gesicht?
Liebling folg, sie ist dein eigen,
Folg dem Weg, den wir dir zeigen.»

Also kam ich denn ans Ziel,
Fand daselbst Musik und Spiel,

Schönheit, Freundschaft, Harmonie,
Glücklich war ich, wie noch nie.
Wohlgeborgenheit und Lust
Schwellten meine stolze Brust.
Ward in einen Kreis gezogen,
Der mir innerlich gewogen,
Und, obgleich nicht blutsverwandt,
Freudig mich hat anerkannt.
Throne auf der Turm-Terrasse,
Schau herab auf eine Masse
Biedern Volkes, ganz von weit,
Wie zu meiner Kinderzeit.

Nur dass Diener mich umkreisen,
Meine Herrschaft zu beweisen,
Diener, die mich täglich baden,
Hätscheln, füttern und erlaben.
Ja, sogar mich zu bewahren
Vor den lauernden Gefahren,
Baute man um mich herum
Einen Käfig, um und um,
Zart mit Golddraht eingefasst,
Ein mir würdiger Palast.

Zwar mit meiner Fliegerei
Ist's für immer nun vorbei.
Frei zu schweben, wenn es tagt,
Ist von nun an mir versagt.
Sitze fest auf meinem Thron,
Tauschte Flügel gegen Kron.
Wer, um Grosses zu erringen,

Muss nicht kleine Opfer bringen?
Auch ein König ist nicht frei,
Fesseln trägt er vielerlei.
Doch denkt ja nicht, bitte sehr,
Dass ich ein Gefangner wär!
Bin ein Herrscher, treu behütet
Vor Gefahr, die droht und wütet.
Ich regiere, ich allein,
Macht und Szepter, sie sind mein.
Nabel, Mittelpunkt der Welt,
Bin ich, wie mir das gefällt.
Statt missgünstiger Gespanen
Hab ich treue Untertanen.

Was erträumt ich mir als klein,
Alles, alles ist jetzt mein!
Man verehrt mich, hat entdeckt,
Welcher Reichtum in mir steckt.
Deutet richtig Stolz und Posen,
Mein Regieren und mein Kosen,
Meinen Übermut im Spiel,
Mein bedeutendes Profil,
Was ich weiss und was ich denke
Und verschwenderisch verschenke,
Wie ich meine Federn pflege,
Wie mein Wohlbefinden hege,
Wie ich meinen Geist trainiere,
Kaue, schaue, meditiere.

Und wie hat geschmeichelt mir,
Als mit Stift und mit Papier
Zeichnend man gar viele Stunden
Bei mir sass, um zu erkunden
Aussehn, Gestik und Manieren.
Alles schien zu imponieren.

Tassi-Betu, toller Fant,
Wirst landauf landab bekannt.

Wer ich bin und was ich kann,
Steht im Büchlein jetzt. — Schau's an!

WER
IST
DER
SCHÖNSTE
IM
GANZEN
LAND

FINE FEATHERS MAKE FINE BIRDS

LAUSIGE AFFÄRE

WO SITZT DER FLOH ?

ERWISCHT

GETTING SPICK AND SPAN

TISCHLEIN
DECK
DICH

AUGENWEIDE — GAUMENFREUDE

ZWEITER GANG · BITTE

FADES ZEUG

ES ÄCHTS BIRCHER-MÜESLI?

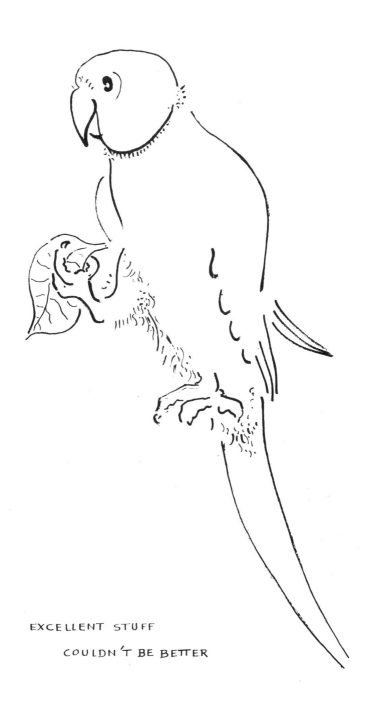

EXCELLENT STUFF

COULDN'T BE BETTER

IF YOU NEVER DRINK

YOU NEVER GET TIPSY

SPIEL
UND
SPORT

HiGHER THAN A HOUSE,
HiGHER THAN A TREE,
OH, WHATEVER CAN iT BE?

MIT STERNEN
LASST MICH SPIELEN

KEIN FLUG OHNE FLÜGEL

TOPSY-TURVY WORLD

YOGA TRAINING

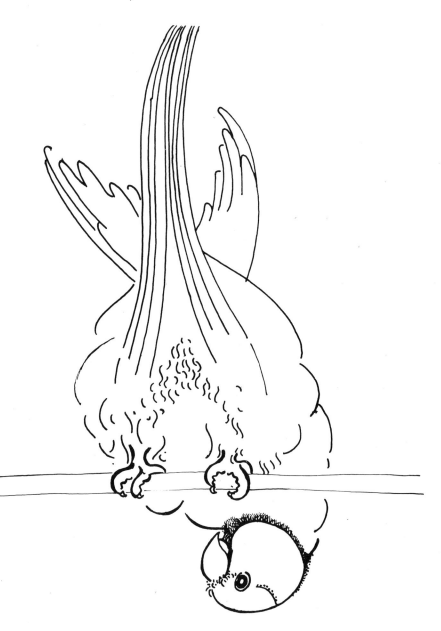

ÄRGERNISSE

AFRAID ? NOT ME!

VORSICHT ! SCHLECHT GELAUNT

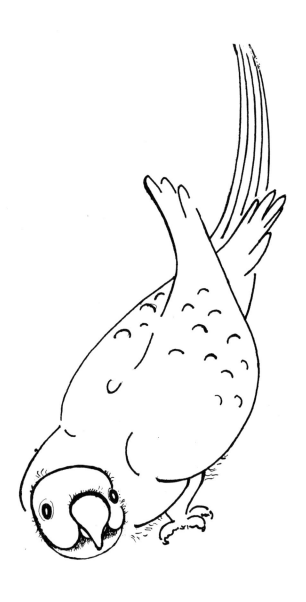

YOU ARE NOT MY CUP OF TEA

Liebe Frau Leemann

Nachdem die Kerzen
z'Nacht eine Wärme
abgaben, wä'wrend e
u. unfreundlich war,
ganz herzlich für d
Auch das Büchlein
ist gar nicht Wasse i
Gegenteil, ich bedau
auf dem Beruf arbe
geschenkt erhalte.
An bei de Provence
eine Ewigkeit dau
zu werden.
Das andere Büchle

bei einem gemütlichen

u. heimelige Stimmung

draussen regnete

möchte ich mich nach

geschenke bedanken.

gefällt uns sehr gut. Es

den Rhön getragen. Im,

, dass ich seitdem ich

te, keine Bücher mehr

-Fuhre, die schon

/ wald, übernacht

ist für die ganze

Familie gedacht. Für
die Ferien, als Andenke(n)
an Page.
Wir wünschen euch
sonnige u. erholsame
Ferien in Griechenland
Liebe grüsse

Tany + Boa

★ The Cottage • by Danie Chevillard, France. Design contributed to benefit the United Nations Children's Fund (UNICEF). ★ La chaumière • par Danie Chevillard, France. Composition offerte au Fonds des Nations Unies pour l'enfance (UNICEF). ★ La cabaña • por Danie Chevillard, Francia. Contribución al Fondo de las Naciones Unidas para la Infancia (UNICEF). ★ Коттедж. Дани Шевийяр, Франция. Работа передана Детскому фонду Организации Объединенных Наций (ЮНИСЕФ) в благотворительных целях. ★ 茅屋。 法国，达尼埃·谢维拉尔作。图案赠联合国儿童基金会。

PRINTED IN SWITZERLAND

★ BIN SOEBEN TODMÜDE AUS DEM
"GESCHÄFT" HEIMGE-
KOMMEN (3³⁰) HERZLICHE GRÜSSE
UND SCHÖNE FERIEN WÜNSCHT
EUCH, TOMMY

GET OUT FROM HERE

YOU BRAZENFACED FELLOW

I AM NOT ON SPEAKING TERMS WITH YOU

SHUT UP !
MIND YOUR OWN BUSINESS

FICHEZ - MOI LA PAIX

GEFÜHL
IST
ALLES

HÖRST MEINER FLÖTE
ZÄRTLICHES SPIEL

DIS-MOI OUI
DIS-MOI NON
DIS-MOI

SI TU M'AIMES

SI C'EST OUI , C'EST L'ESPÉRANCE,
SI C'EST NON , C'EST LA SOUFFRANCE.
DIS-MOI OUI OU NON .

LIEBLICHE BLÜTE, WIE HEISSEST DU?

ABSENCE MAKES

THE HEART GROW FONDER

BRRR..... MICH FRIERT

O
ICH BIN
KLUG
UND
WEISE

WHAT A PITY YOU DO NOT GO MY WAY !

WHAT SHALL I WRITE TO MY PARENTS ?

I GO AS THE SPIRIT MOVES ME

LADIES AND GENTLEMEN
I WILL PROVE TO YOU
THAT 2 PLUS 2 IS 5 !

WHAT IS THE NEWS OF THE DAY,
GOOD NEIGHBOUR, I PRAY?

THEY SAY THE BALLOON
HAS GONE UP TO THE MOON

JE SUIS COMME JE SUIS

JEDER
ZOLL
EIN
KÖNIG

MY HOME IS MY CASTLE

I CALL MY BEARER

MAJESTÄT EMPFÄNGT

DEEPLY HONOURED BY YOUR CALL

L'ÉTAT C'EST MOI